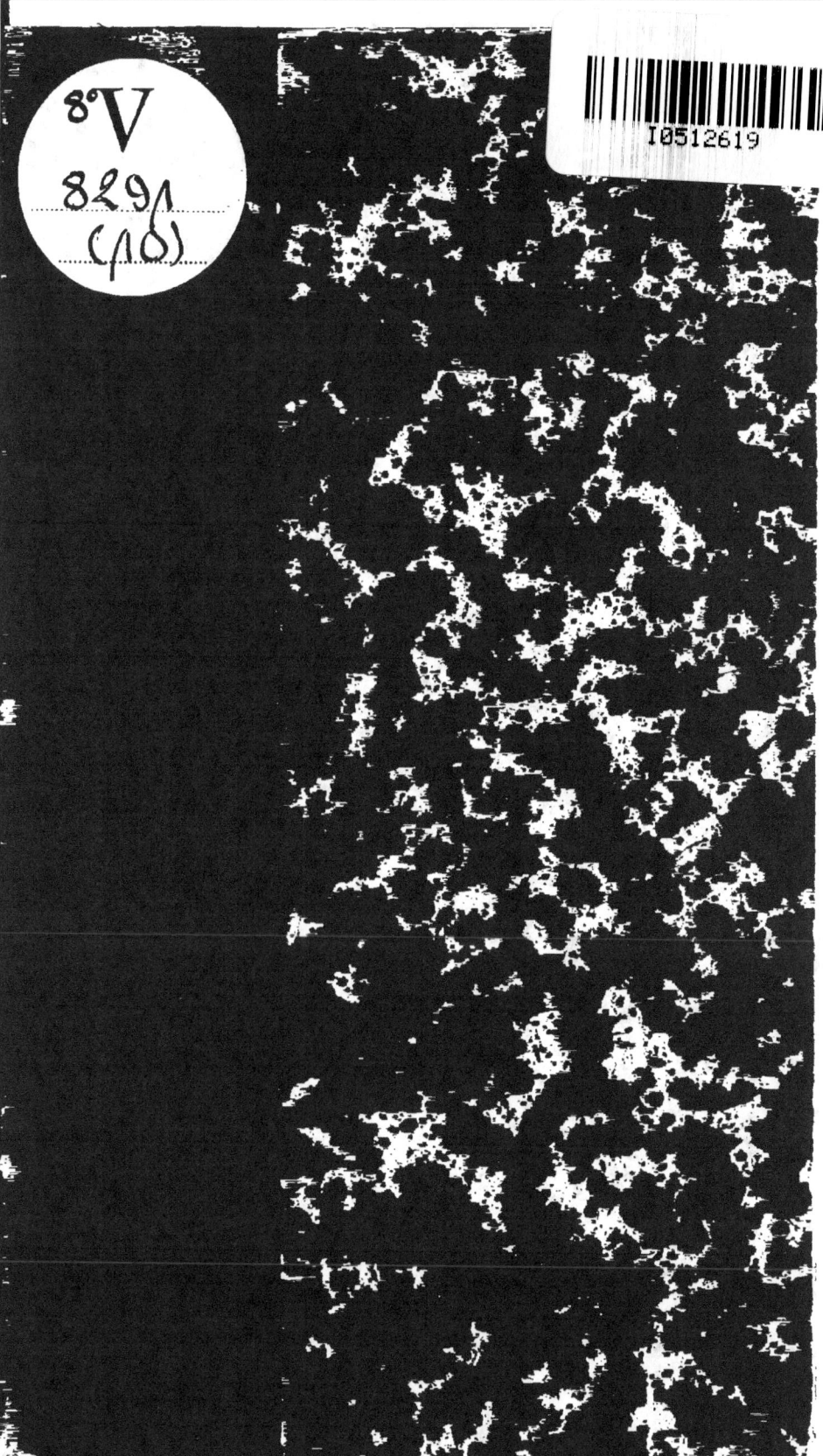

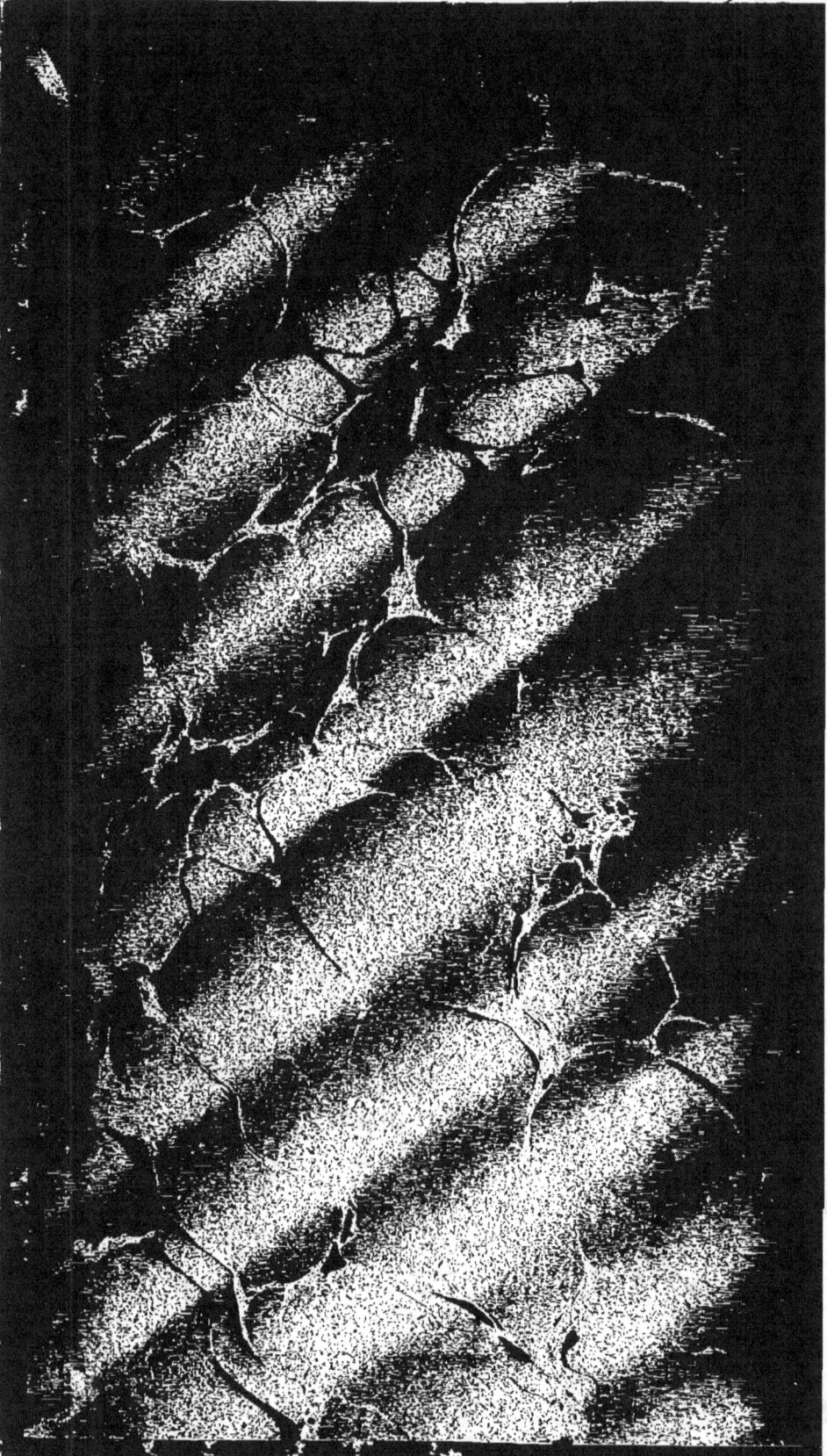

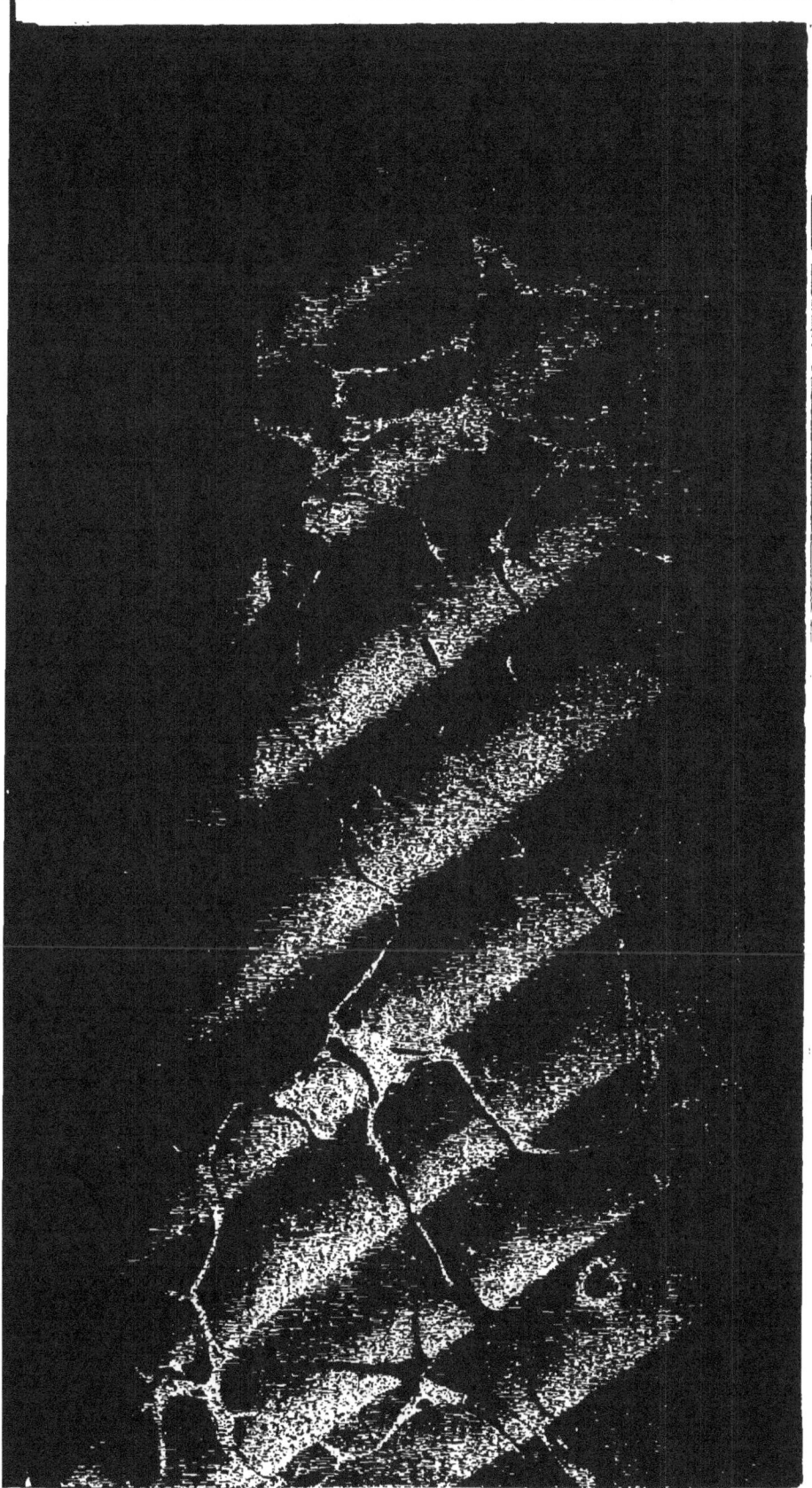

COLLECTION
DES
LIVRETS
DES
ANCIENNES EXPOSITIONS
DEPUIS 1673 JUSQU'EN 1800

SALON DE 1743
X

PARIS

LIEPMANNSSOHN ET DUFOUR
ÉDITEURS
11, rue des Saints-Pères
—
JUIN 1869

EXPOSITION

DE 1743

—

X

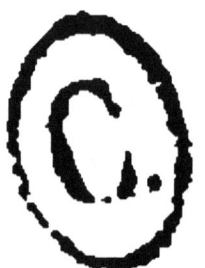

COLLECTION

DES

LIVRETS

DES

ANCIENNES EXPOSITIONS

DEPUIS 1673 JUSQU'EN 1800

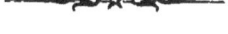

EXPOSITION DE 1743

PARIS

LIEPMANNSSOHN ET DUFOUR

ÉDITEURS

11, rue des Saints-Pères

JUIN 1869

NOMBRE DU TIRAGE

DU LIVRET DE 1743.

375 exemplaires sur papier vergé.
  25   —   sur papier de Hollande.
  10   —   sur chine.

N°

Ce livret est vendu seul 2 fr. 50.

NOTICE BIBLIOGRAPHIQUE.

Livret :

Il existe deux tirages ayant tous deux 38 pages de description, 2 d'arrêt et de privilége et 123 n°ˢ. Le texte descriptif des deux tirages est identiquement le même; la seule différence est au titre dans l'énoncé des qualités de M. Orry et de la durée de l'exposition. Sur le premier il n'est pas encore nommé : *Trésorier Commandeur des Ordres du Roy;* mais seulement : *Ministre d'Etat, Contrôleur General*, etc. Enfin sur cette édition primitive la durée de l'exposition est ainsi fixée : *A commencer le 5. jour d'Aoust 1743. pour finir à la S. Loüis inclusivement;* on voit, d'après le second tirage, que nous reproduisons, que l'exposition fut prolongée jusqu'à la fin du mois.

Critiques :

Le *Mercure de France*, numéro d'août, p. 1868, et numéro de septembre, p. 2043 à 2060.

EXPLICATION DES PEINTURES,

SCULPTURES,

ET AUTRES OUVRAGES

DE MESSIEURS

DE L'ACADÉMIE ROYALE;

Dont l'Expofition a été ordonnée, fuivant l'intention de SA MAJESTÉ, par M. ORRY, Miniftre d'État, Tréforier-Commandeur des Ordres du Roy, Contrôleur General des Finances, Directeur General des Bâtimens, Jardins, Arts & Manufactures de S. M. & Protecteur de l'Académie; dans le grand Salon du Louvre. Par les foins du Sieur PORTAIL, Garde des Plans & Tableaux du Roy. A commencer le 5. jour d'Aouft 1743. jufqu'à la fin dudit mois.

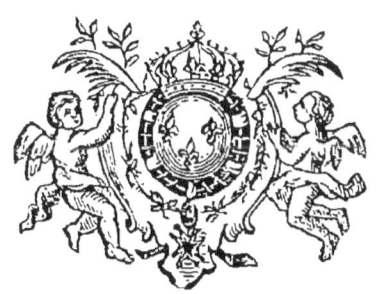

A PARIS, RUE S. JACQUES

De l'Imprimerie de JACQUES COLLOMBAT, I. Imprimeur du Roy, de la Maifon de SA MAJESTÉ, & de l'Académie Royale de Peinture & de Sculpture.

M. DCC. XLIII.
AVEC PRIVILÉGE DU ROY.

AVERTISSEMENT.

Comme l'Expofition fe fait dans un grand Salon quarré, & que l'on a été obligé, pour garder quelque ordre & fymétrie, de placer de côté & d'autre les Ouvrages d'un même Auteur, l'on a eu attention dans cette Defcription, de défigner la hauteur & largeur de tous les Tableaux de grandeur extraordinaire; & à l'égard des autres dont les formes font moyennes & petites, on ne pourra manquer de les reconnoître, ayant le Livre à la main, & de les trouver par le rapport des Numeros qui se trouvent sur chaque sujet de Peinture & de Sculpture.

Comme l'impreſſion de ce petit Ouvrage ne se donnoit les années précedentes, qu'après tout l'arrangement des Tableaux, dont les Places étoient indiquées, l'on s'eſt apperçû que le Public s'impatientoit extrémement pendant les premiers jours qu'il attendoit cette Explication. C'eſt pourquoy on a jugé à propos, pour sa ſatisfaction, d'y énoncer des Numeros qui se rapportent exactement à chaque sujet, lesquels, sans être de suite, se pourront trouver aiſément. Par ce moyen on joüira de cette Deſcription preſqu'à l'ouverture du Salon.

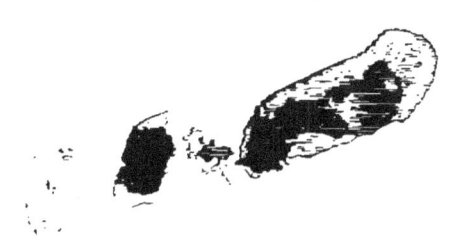
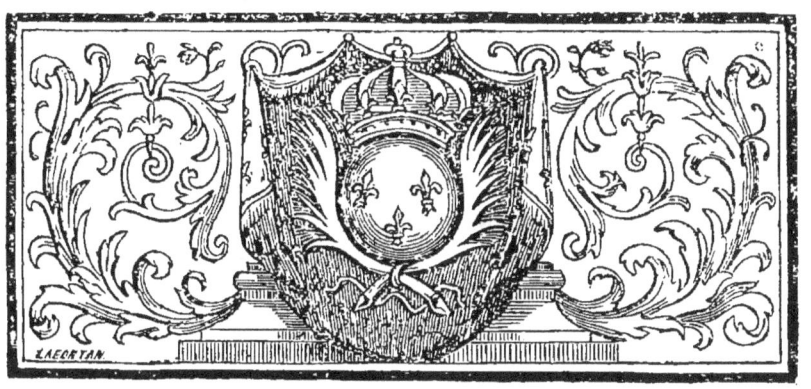

EXPLICATION

Des Peintures, Sculptures, & autres Ouvrages de Messieurs de l'Académie Royale.

Le desir de la Gloire est la source des efforts que chaque Artiste fait pour atteindre à la perfection de l'Art qu'il professe. Un principe si noble fait naître une loüable émulation, qui éléve l'homme au-dessus de lui-même & luy fait trouver dans son génie des ressources qu'il n'auroit osé se promettre, & dont souvent il a l'obligation à ses Rivaux.

Comme les suffrages du Public éclairé donnent à chaque genre de travail son veritable prix, c'est de ses suffrages réünis que se forme la réputation.

Quel moyen plus juste pouvoit-on choisir, pour mettre le Public en état de décider avec équité, que l'expofition des différens Ouvrages, qui font l'objet des travaux de l'Académie?

En ordonnant cette Expofition, Sa Majesté donne un témoignage glorieux à l'Académie, de fon attention à la perfection des Arts qu'elle cultive. Quel nouveau motif pour Elle, de redoubler fes efforts pour répondre aux vûës d'un Prince dont l'approbation eft le gage le plus certain de l'immortalité! Objet qui, en faifant naître les Arts, eft leur plus flateufe récompenfe.

Par M. *Coypel*, ancien Profeffeur, Écuyer, Premier Peintre de Monfeigneur le Duc d'Orleans.

1. Un Tableau d'environ 4 pieds fur 5, repréfentant Jésus-Christ naiffant, adoré par les Anges.

2. Autre prefque quarré, de 4 pieds, repréfentant J. C. au berceau.

3. Un Tableau au paftel, repréfentant une fuite en Egypte.

4. Autre au paftel, repréfentant la Folie, qui pare la décrepitude des ajuftemens de la Jeuneffe.

5. Autre au paftel, repréfentant l'Amour qui abandonne Pfiché.

6. Un petit Païfage au paftel.

Par M. *De Tournière*, ancien Profeffeur.

7. Un grand Portrait en pied, repréfentant M. le Duc de Briffac, Chevalier des Ordres du Roy.

8. Autre, repréfentant en Bufte Madame du Metz.

9. Autre, repréfentant une Dame au Bain.

10. Un petit Portrait en pied, repréfentant M. de Montluçon, Fermier General, en habit de Capitoul.

Par M. *Galloche*, Profeffeur.

11. Un Tableau de 4 pieds & demi fur 3 & demi, repréfentant un fujet tiré du IV. Livre des Avantures de Telemaque.

C'eft un Triomphe d'Amphitrite. Cette Déeffe paroît dans un Char, avec le petit Dieu Palemon fon fils, lequel tient dans fon Echarpe des Perles & du Corail, dont il préfente une branche à fa Mere. Des Dauphins & des Tritons fonans de la Trompette avec leurs conques recourbées, précedent le Char, traîné par des Chevaux marins plus blancs que la neige, felon l'expreffion de M. de Cambray, lefquels fendent l'onde falée, laiffant loin derriere eux un vafte fillon dans la mer. Une troupe de Nymphes nagent autour. La Déeffe tient un Sceptre d'or pour marque de fon autorité fur les flots; des Tritons conduifent les Chevaux dont ils tiennent les rênes dorées : une grande voile de pourpre flotant en l'air, & à demi enflée par le foufle d'une multitude de petits zéphirs qui s'efforcent de la pouffer par leurs haleines. On voit au milieu des Airs Eole d'un air menaçant empreffé à repouffer tous les nuages, & contraindre les fiers Aquilons de rentrer dans leurs grottes profondes.

12. Deux Efquiffes fous le même N°; l'une eft, comme on le peut voir, l'Efquiffe du préfent Tableau: l'autre eft celle d'un morceau commencé, qui doit faire pendant à celui-ci, & repréfente le récit que Télémaque fait de fes Avantures à Calipfo, dont la def-

cription eſt auſſi tirée du IV. Livre du même Poëme.

Par M. *Reſtout*, Profeſſeur.

13. Un grand Tableau de 25 pieds de largeur, ſur 13 & demi de hauteur.

Le ſujet repréſente la Dédicace du Temple de Salomon, dans le moment que le Seigneur y marqua ſa préſence, par une nuée dont il le remplit. Cet événement miraculeux frappa les Prêtres, au point de les empêcher d'achever les fonctions de leur miniſtere.

La reconnoiſſance, la crainte, l'étonnement & l'admiration, ſe font ſentir dans les Hébreux à la vûë du feu du Ciel, qui deſcend ſur l'Autel des holocauſtes, & qui en conſume les Victimes.

Pour Salomon, il ne paroît occupé que de la grandeur & des miſéricordes du Dieu d'Iſraël.

III. Livre des Rois, chap. VIII. v. 10.

Paralipomenes, Livre II, chap. VI. v. 13.

A l'égard de la ſituation du lieu, elle eſt priſe dans Villalpande, Auteur qui a donné en 1604 une Deſcription de la Ville & du Temple de Jéruſalem.

(Voyez Morery.)

Par M. *Dumont le Romain*, Profeſſeur.

14. Un Tableau repréſentant un repos de Diane, de 3 pieds & demi de haut ſur 4 de large.

15. Autre. Suite du même ſujet, de forme ovale; tous deux pour le Cabinet du Roy, à Choiſy.

16. Autre repréfentant un païfage, avec des Figures; Deffus de Porte appartenant à M. Lempereur, de 2 pieds fur 3 pieds 4 pouces.

Par M. *Boucher*, Profeffeur.

17. Un Tableau ovale, repréfentant la naiffance de Venus.

18. Son pendant de même forme. Venus à fa Toilette, fortant du bain.

19. Un Tableau chantourné, de 6 pieds de largeur fur pareille hauteur, repréfentant la Mufe Clio, qui préfide à l'hiftoire & à l'éloge des grands Hommes : elle eft repréfentée affife, écrivant fur un grand Livre, fupporté par les aîles du temps, regardant les Buftes & Médaillons des Heros, placez au Temple de Memoire.

20. Autre de même forme faifant Pendant, repréfente la Mufe Melpomene : elle préfide à la Tragedie; c'eft pourquoy on la repréfente tenant d'une main une Epée ou Poignard enfanglanté; & de l'autre, des Sceptres & des Couronnes.

21. Autre repréfentant un Païfage, où paroît un Moulin à eau; & une Femme donnant à manger à des Poules.

22. Son Pendant repréfente une vieille Tour, & fur le devant des Blanchiffeufes.

23. Autre petit Païfage de forme chantournée, repréfentant un vieux Colombier, & un efpece de Pont ruiné, fur lequel eft une Femme & fon Enfant qui regarde un Pefcheur.

Par M. *Natoire*, Profeſſeur.

24. Un Tableau en largeur de 5 pieds ſur 3, repréſentant un repos de Diane.

25. Autre de même grandeur, repréſentant Bacchus & Ariane.

26. Autre, repréſentant Apollon & les Muſes ſur le Parnaſſe.

27. Autre, repréſentant Venus qui ſe promene ſur la Mer, & Neptune qui vient la recevoir.

Ces quatre Tableaux faits pour le Roy, doivent être placez à Marly.

28. Autre petit Tableau au paſtel, repréſentant une Tête de fantaiſie.

Par M. *Collin de Vermont*, Profeſſeur.

29. Un Tableau en hauteur de 7 pieds ſur 5 & demi de largeur, repréſentant l'Aſſomption de la Vierge.

Par M. *Jeaurat*, Profeſſeur.

30. Un Tableau en hauteur ceintré, de 8 pieds & demi ſur 4 & demi de large, repréſentant une Annonciation.

Par M. *Adam l'aîné*, Adjoint à Profeſſeur.

31. Un Groupe en modéle Eſquiſſe de terre cuite, repréſentant Pigmalion excellent Sculpteur de l'Antiquité, qui acheve la Statuë d'une jeune Fille, qu'il avoit compoſé & exécuté en yvoire, à laquelle ayant

donné par fon Art tant de graces qu'il en devint amoureux; il luy donne des Fleurs, & l'orne de joyaux & de draperies : L'Amour qui travaille avec lui, prend plaifir à lui aiguifer fes cifeaux. Venus donne la vie à cette Figure, & il l'époufa.

32. Une figure de Femme en modéle Efquiffe de terre cuite, repréfentant la Vérité. Ces deux Modéles pourront s'executer en marbre.

33. Deux autres Modéles en Efquiffes, l'une repréfente la Vertu toujours occupée à combattre & à furmonter quelques vices.

34. L'autre de même proportion, qui repréfente la fureur poëtique, couchant avec promptitude par écrit fes belles penfées, à mefure que fon efprit les lui fournit.

Par M. *Dandré Bardon*, Adjoint à Profeffeur.

Deux petits Tableaux, dont les fujets font tirez de Rouffeau & repréfentent,

35.   Que l'homme eft bien durant fa vie
Un parfait miroir de douleurs!
Dès qu'il refpire, il pleure, il crie,
Et femble prévoir fes malheurs.

36.   Dans l'Enfance toujours des pleurs.
Un Pedant porteur de trifteffe,
Des Livres de toutes couleurs,
Des châtiments de toute efpece.

Par M. *Oudry*, Adjoint à Profeffeur.
Sept Tableaux du Cabinet de M. le Premier.

37. Le premier de 2 pieds presque quarré, représentant des Matelots qui débarquent leurs pêches; peint à Dieppe.

38. Le second de même grandeur, représentant une espece de Tour, des Vaches sur le devant; une Femme vûë par le dos, qui tient un Chien qui aboye après un Asne.

39. Le troisiéme de même grandeur, représentant un Homme tenant un Cheval qui a peur d'un Chien qui paroît aboyer; deux Vaches, & une Femme conduisant un Cheval chargé d'un Veau.

40. Le quatriéme, dont le fond du Tableau est une ruine de Bâtimens, & sur le devant, des Vaches, des Moutons, un Cheval paissant, & le Berger qui caresse son Chien.

41. Le cinquiéme, dont le fond est une Forêt, & un Cerf qui passe; sur le devant paroît un Relais, deux Chevaux, &c.

42. Le sixiéme, représentant une jeune Fille qui conduit une Vache, une Chévre, des Moutons, à côté des Chiens à l'attache sous une Baraque dans une basse cour.

43. Et le septiéme représente un petit Garçon sur un Asne, qui conduit des Vaches, Moutons & Chévres; un vieux Château dans le fond.

44. Un Tableau de 3 pieds, représentant un Faisan attaché par la patte, un Lapreau & une Perdrix: appartenant à M. Dupuis, Jardinier du Roy.

45. Un grand Tableau de 10 pieds quarrez, appartenant au Roy, qui est placé sur le buffet de la Salle à manger du Château de Choisy, lequel représente une Fontaine vûë par l'angle, des pampres qui s'étendent

deſſus ; & dans le milieu du bas un Sanglier & un Chevreüil : d'un côté un Barbet qui ſurprend un Heron dans des roſeaux : à l'autre bout deux Chiens couchans, un Faiſan & un Liévre attaché, & dans le coin des Paniers de chaſſe, avec quelque Gibier.

46. Autre Tableau de 5 pieds ſur 4, repréſentant des Paniers de chaſſe renverſez, une Terrine d'argent ſur un Tapis de Turquie, & un fond d'Architecture : Ce Tableau eſt du Cabinet de l'Auteur.

47. Un bas relief de bronze ſur un fond de Lapis, repréſentant Silene barboüillé de Mures par la Nymphe Eglé ; imité d'après celuy qui appartient au Roy. Du Cabinet de l'Auteur.

48. Un Portrait de Chien couchant, fait pour le Roy & poſé dans la Salle à manger du Château de Choiſy.

49. Autre Portrait de Chien couchant, auſſi fait pour le Roy, & poſé dans la même Salle.

50. Autre Tableau repréſentant un Tigre de la Ménagerie du Roy ; peint pour SA MAJESTÉ.

Par M. *Le Moyne, le fils*, Adjoint à Profeſſeur.

51. Sujet du Tombeau qui doit être executé à la memoire de S. E. Monſeigneur le Cardinal de Fleury.

Le temps qui a détruit S. E. le fait revivre par les ſoins du Roy.

Le Cardinal eſt repréſenté en prieres. Le Temps leve le voile qui cachoit l'inſcription, & y montre les attentions de SA MAJESTÉ pour ce Miniſtre.

La Fidélité au Roy le pleure & des Génies ſoutiennent ſes Armes.

Les Figures font de marbre blanc, excepté celle du Temps, dont la couleur du bronze repréfente la Vieilleffe.

Par M. *Couftou le fils*, Adjoint à Profeffeur.

52. Deux Têtes d'après nature, fous le même N°.

53. Un Projet d'Autel, repréfentant l'Apothéofe de S. Ignace.

OUVRAGES DE MESSIEURS
les Académiciens.

Par M. *Jouvenet*.

54. Un grand Portrait jufqu'aux genoux, repréfentant Mad.*** tenant une Guirlande de fleurs.

Par M. *Courtin*.

55. Un Tableau repréfentant la Reine de Saba, dans le temps qu'elle vient offrir fes prefens au Roy Salomon, qui la reçoit de deffus fon Thrône.

56. (*En blanc dans le livret original*).

Par M. *Chardin*.

57. Un Tableau repréfentant le Portrait de Mad. le *** tenant une Brochure.

58. Autre petit Tableau, repréfentant des Enfans qui s'amufent au Jeu de l'Oye.

59. Autre faisant pendant, où sont aussi des Enfans faisant des tours de Cartes.

Par M. le Chevalier *Servandoni*.

60. Neuf Tableaux dessus de Porte, désignez sous le même Numero, représentans plusieurs sujets d'Architecture & Bâtimens antiques, Païsages & diverses vûës, lesquels ont été faits en huit jours, à l'occasion de la fête que Son Eminence M. le Cardinal d'Auvergne a donné dans son Hôtel, pour le mariage de la Princesse de Boüillon, aujourd'huy Duchesse de Montbazon.

Par M. *De Grevenbrock*.

61. Un Tableau en largeur de 5 pieds sur 3 de hauteur, peint sur cuivre, représentant la vûë de Passy, Chaillot jusqu'à Montmartre, prise du Moulin de Javelle.

Par M. *Tocqué*.

62. Un grand Tableau, représentant M. Mirey Secretaire du Roy, Conservateur des Hypotéques, peint en Chasseur, tenant son Fusil.

63. Autre, représentant M. Pouan, appuyé sur le dos d'un Fauteüil.

64. Autre en Buste, représentant Mad. de ***.

65. Autre, représentant M. de ***, en Robe de Chambre.

66. Une Tête, représentant le Portrait de M. Le

Moyne le pere, Sculpteur ordinaire du Roy, & Profeſſeur en ſon Académie de Peinture & de Sculpture.

Par M. *Franciſque*.

67. Un Tableau repréſentant un repos de la Vierge, où S. Jean préſente des fleurs à l'Enfant Jéſus.

68. Un Payſage, repréſentant une Fileuſe avec des Moutons.

69. Autre de même forme & grandeur, repréſentant un Pont & des Figures.

70. Deux autres Païſages plus petits, ornez de Figures & d'Animaux, ſous le même Numero.

71. Un Portrait au paſtel de M. Prunier, Prêtre de la Paroiſſe S. Loüis, à Verſailles.

Par M. *Delobel*.

72. Une Compoſition allégorique du Portrait de M. Orry, Miniſtre d'État, Contrôleur General des Finances &c. Directeur General des Bâtimens du Roy, & Protecteur de l'Académie Royale de Peinture & de Sculpture.

L'Architecture ſoutient une baſe de colonne, ſur laquelle Minerve tient poſé le Portrait du Protecteur des beaux Arts. Cette Déeſſe anime la Peinture & la Sculpture à ſe rendre digne des grâces de Sa Majesté, dont ce Miniſtre eſt le diſpenſateur.

La Peinture & la Sculpture déſignées par leurs Attributs, témoignent le déſir qu'elles ont de meriter par leurs veilles l'honneur de fes ordres ; & pour faire connoître combien les Artiftes fe trouvent excitez par ce nouveau Mécene, l'on voit le Génie de ces beaux Arts regarder avec complaifance le feu qu'il leur infpire.

L'Hiftoire & la Poéfie, l'une par la verité des faits, l'autre par fes belles fixions, inftruifent les Artiftes à traiter avec verité & dignité leurs fujets.

L'on reconnoît l'Hiftoire à fon Livre, fymbole des faftes dans lequel elle tranfmet à la pofterité les grands évenemens & les noms des Hommes illuftres; elle regarde d'un œil de fatisfaction le Portrait du nouveau Protecteur, qui, animé du même efprit du grand Colbert, honore comme lui de fa finguliere protection, ceux qui fe diftinguent dans les beaux Arts.

La Poëfie couronnée de Lauriers, fes yeux élevez vers le Ciel, chantant fur fa Lyre la grandeur des Dieux & des Heros, donne à connoître l'élevation d'efprit & l'harmonie que les Artiftes doivent apporter dans l'execution de leurs Ouvrages.

Sur le devant du Tableau, le Deffein tient d'une main fon Porte-crayon, & de l'autre appuyé fur le Bufte de Laocoon, accompagné du Torfe antique, & de la tête de Venus, fait entendre que c'eft par l'étude de l'Antique, joint à celle du naturel, que l'Artifte arrive à l'expreffion & à la correction, à l'Elegance & aux Grâces : il a fous fes pieds l'Ignorance & l'Envie, avec les Attributs qui leur font propres.

Sur les degrez, un jeune Enfant traçant des Figures

de Géométrie, fait connoître que cette Science, ainſi que le Deſſein, doivent être les premieres études de la Jeuneſſe.

La Generoſité diſtribuant des Médailles & Chaînes d'or à de jeunes gens, fait alluſion à l'honneur que M. le Contrôleur General fait à l'Académie, en y diſtribuant par Lui-même les Prix aux Eleves qui s'y diſtinguent.

L'Architecture repréſente des Galleries ; on y voit des Tapiſſeries montées ſur leurs Métiers, ce qui marque l'attention & le zéle de ce Miniſtre à faire fleurir les Manufactures.

Le Temps ſur des nuës, tenant en main un Serpent qui forme le cercle, déſigne l'éternel ſouvenir de l'Académie pour ſes illuſtres Protecteurs.

Par M. *Aved*.

73. Un Tableau en hauteur de 7 pieds & demi ſur 5 & demi de large, repréſentant Madame la Marquiſe de Ste Maur, en Sultane, dans le Jardin du Sérail.

74. Le Portrait de M. le Marquis de Mirabeau dans ſon Cabinet, appuyé ſur le Polibe de M. Follard.

75. Le Portrait de Madame La Traverſe, appuyée ſur une Table.

76. Autre, repréſentant M. l'Abbé Gedouin, Abbé de Beaugenci, de l'Académie Françoiſe.

Par M. *Boiſot*.

77. Un petit Tableau, repréſentant une Réconciliation de Venus & de l'Amour.

78. Son Pendant repréfente Venus, qui effaye les Armes de l'Amour.

Par M. *Poitreau*.

79. Un Tableau ceintré de 6 pieds fur 5, repréfentant des Chaffeurs. Sur le devant paroît une fource d'eau coulant entre deux Rochers; de l'autre côté un ancien Bâtiment à la Romaine, & le fond du Païfage éclairé par un Soleil couchant.

Par M. *Chaftelain*.

80. Un Tableau repréfentant un Port de Mer, & un mouvement de tempête.

Par M. *Lundberg*.

81. Un Portrait au paftel, repréfentant M. Boucher, Peintre ordinaire du Roy, & Profeffeur en fon Académie.

82. Autre, repréfentant Madame fon Epoufe.

Par M. *Vinache*.

83. Efquiffe d'un Tombeau, projetté à la memoire de feu M. le Cardinal de Fleury.

Comme les Tombeaux font des Monumens qui ne font érigez que pour faire connoître à la pofterité les bonnes qualitez de ceux pour lefquels ils font élevez, on doit prendre les momens les plus intéreffans de la vie de l'homme, & par lefquels il s'eft le mieux fait

connoître : Ces momens font ceux de fon élévation &
de fa fin que l'Auteur a pris dans la vie de M. le
Cardinal de Fleury, pour le fujet de fon Tombeau.

Ce Miniftre eft repréfenté en marbre blanc, affis fur
un Tombeau de marbre noir vû par un bout : il paroît
dans le moment qu'il a reçû le Gouvernement de la
Monarchie Françoife, qui lui eft donné par la Vertu,
qui lui préfente une Couronne de rayons & de Fleurs
de Lys, & deux Clefs : il paroît en action de de-
mander à Dieu la grace de s'acquitter dignement de
ce grand Employ.

Le Tombeau eft élevé fur un focle de marbre de petite brêche, porté par un triple piedeftal de marbre
verd campan, fur un plan varié. Sur le Socle au bas
du Tombeau, eft un Sable aîlé, & une Guirlande de
Cyprès de bronze doré.

Dans le Panneau du milieu du piedeftal, eft un
bas relief de bronze doré, repréfentant le dernier moment de S. Eminence : il eft accompagné de la Foy,
de la Piété, & de quelques Eccléfiaftiques en prieres,
dont l'un lui adminiftre l'Extrême-Onction. Le fond
eft enrichi d'Architecture.

Sur deux Piedeftaux de forme ronde, auffi de verd
campan, font deux Vertus, la Paix & la Religion, qui
femblent avoir le plus occupé ce Miniftre pendant fon
Gouvernement. La Vertu, la Paix & la Religion font
de marbre blanc.

Cet Ouvrage eft dans une niche ceintrée de 31 pieds
de haut fur 14 & demi de large, & fur environ 5 pieds
de profondeur : le fond de la Niche, & celui au-deffus
de l'Archivolte, eft de groffe brêche : les montans &
l'Architecture de brêche violette.

Sur l'Archivolte eft un grand Cartouche pour recevoir les Armes de S. E. A côté font deux Vertus, la Pieté qui tient une Croffe d'Evêque, & la Doctrine tenant une Mitre, pour défigner que S. E. étoit Evêque: le tout de bronze doré. La Voûte de l'Archivolte eft ornée de Panneaux & de Rofes de bronze. A côté de la Niche régnent deux grands Pilaftres, à chacun defquels eft adoffé un piedeftal à pans coupez, pour appuy d'une Baluftrade en forme d'entrelas de bronze doré, à hauteur d'appuy, pour enfermer cet Edifice. Ces Piedeftaux, de même que le focle & la tablette, font de marbre blanc veiné, pofez fur deux marches de marbre noir & blanc. Sur chaque Piedeftal eft un Groupe d'Enfans de bronze naturel, accompagné d'une efpece de Cartouche ovale pour mettre des Infcriptions; un Enfant de ces Groupes repréfente le Génie de la France qui pleure, & l'autre la Prudence.

L'autre Groupe repréfente la Fidélité & le Génie de l'Evêché de Fréjus, auffi pleurant.

L'auteur a mis au haut de la Niche la Figure du Temps, qui foutient une grande draperie, pour faire connoître qu'il n'obfcurcira jamais les vertus de feu M. le Cardinal de Fleury.

84. Un Modéle en plâtre de 18 pouces, repréfentant une Flore, pour être executé en pierre, de fix pieds de proportion, pour mettre dans une Niche.

Par M. *Nonnotte*.

85. Le Portrait de M. Moyreau, Graveur ordinaire du Roy & de l'Académie Royale de Peinture & de Sculpture.

86. Celui de Mad. *** finiſſant ſa Toilette.

87. Celui de Madame de Blancheton, repréſentée en Muſe, tenant un Globe celeſte.

88. Celui de M. l'Abbé de *** en Robe de Treſorier de France.

99. Celui de M. de Veſannes, Chevalier de S. Loüis, Major des Chevaux Legers.

90. Celui de feu M. Hunauld, Docteur Regent de la Faculté de Medecine en l'Univerſité de Paris, de l'Académie Royale des Sciences, & de celle de Londres, Profeſſeur en Anatomie & en Chirurgie au College Royal.

Par M. *Ladey*.

91. Un Tableau repréſentant un Vaſe rempli de Fleurs, & ſur le devant un nid d'Oiſeaux.

92. Autre à peu près de même grandeur, repréſentant un Courlis.

Par M. *Pierre*.

93. Un Tableau en hauteur de 5 pieds ſur 4, repréſentant S. Jean Baptiſte qui baptiſe les Juifs dans le Deſert.

94. Autre plus petit, repréſentant l'Innocence.

95. Autre de même grandeur, repréſentant Ganimede.

96. Autre de 4 pieds ſur 5 de large, repréſentant une Bergere avec des Moutons, & une Vache dans un fond de Païſage.

97. Autre, repréſentant l'Eſquiſſe d'une Nativité.

98. Autre Bambochade, repréfentant un Voyage.

99. Autre plus petite Bambochade, repréfentant des Païfans.

100. Plus, une Tête au Paftel, d'après nature.

Par M. *De La Datte.*

101. Explication des Figures & Ornemens qui accompagnent le modéle du Maufolée, projetté pour la memoire de M. le Cardinal de Fleury.

Le Prélat eft le premier objet qui s'offre à la vûë : on l'a repréfenté à genoux, dans l'attitude & portant les traits d'un homme penetré de la miféricorde de Dieu. Il paroît invoquer cet Etre fuprême, dans un Livre de Prieres qu'un Ange tient ouvert devant lui; tandis qu'un autre Ange témoigne, par la vive douleur que fon attitude dépeint, la perte que l'on vient de faire dans ce Miniftre.

A la droite du Tombeau eft une Figure qui réünit en elle feule plufieurs attributs, tous relatifs à l'attachement inviolable du Miniftre pour le Roy, & à la confiance intime dont le Monarque l'a honoré jufqu'au dernier inftant.

L'activité, le zéle & la fidelité du Miniftre, font repréfentés par le Chien, qui accompagne la Figure dont on vient de parler, fymbole connu de toutes les Vertus que l'on a voulu dépeindre, & que par cette raifon l'on a crû devoir préferer à tout autre, dans un monument qui pourroit paffer à des fiecles moins éclairez que le nôtre.

Le Cachet que la même Figure tient à la main, eft l'emblême du fecret impenetrable, qui a fait tant d'honneur au Miniſtere de M. le Cardinal de Fleury.

Pour la Clef que l'on y a jointe, on croit avoir aſſez bien exprimé la confiance du Monarque, & le bon uſage que le Miniſtre en a toujours fait.

La Figure à laquelle on a joint ces Emblêmes, par les regards vifs & touchans qu'elle jette ſur le Miniſtre que nous avons perdu, paroît vouloir le ſuivre des yeux juſque dans la nuit du tombeau.

La Figure que l'on a placée à la gauche du Tombeau, eſt d'un caractere different : le Miroir qu'elle tient à ſa main, & le faiſceau de Fléches ſur lequel elle eſt appuyée, déſigne d'une maniere frappante la Prudence unie à la Force. La dignité que l'on a tâché de répandre ſur toute cette Figure, annonce aſſez le caractere de ſageſſe & de fermeté que l'on a voulu repréſenter d'après le Prélat qui ſert ici de modéle. Cette Figure paroît penetrée juſqu'à la triſteſſe, mais non juſqu'au découragement.

La Foy, repréſentée par un Calice, appliqué ſur un bouclier, & au-deſſus duquel s'éleve la ſainte Hoſtie, objet de notre amour & de notre foy, ſe trouve placée de maniere qu'elle ſert de couronnement à toutes les vertus purement humaines, que le Prélat eut dédaignées, ſi les chrétiennes ne les euſſent point accompagnées.

Un Ange tient ſuſpenduë ſur la tête de Son Eminence une Couronne qui eſt le ſymbole de la récompenſe que le Seigneur accorde à ſes vertus.

Enfin les Armes du Prélat ſont appliquées au corps du Tombeau; mais de maniere qui répond à la modeſtie de celui qui n'a voulu d'autre gloire en faiſant bien, que celle même d'avoir bien fait.

Au pied du Tombeau, un bas relief, qui repréfente la réünion de la Lorraine à la Couronne de France.

OUVRAGES AU BURIN

de Meffieurs les Graveurs de l'Académie.

Par M. *Duchange*, Confeiller de l'Académie.

Un Sujet gravé d'après M. *Jouvenet*, repréfentant la réfurrection du Fils de la Veuve de Naïm ; dédié à l'Académie Royale de Peinture & de Sculpture.

Par M. *Tardieu, le pere*, Académicien.

Trois morceaux gravez, faifant la continuation de l'Hiftoire de Conftantin, d'après *Rubens* : tirez du Cabinet de Monfeigneur le Duc d'Orleans.

Double Mariage de Conftantius Chlorus, pere de Conftantin, & de Maximien Galere Cefar.

La Ville de Rome reçoit la Couronne de l'Empire, des mains de la victoire, à l'Entrée de Conftantin.

Entrevûë de Conftantin, & de Crifpe, fon fils, à Bizance.

Par M. *De Larmeffin*,, Académicien.

Le Fleuve Scamandre; gravé d'après M. *Boucher*, Profeffeur de l'Académie.

Par M. *Cochin, le pere*, Académicien.

Dix-huit petits Morceaux gravez; d'après fon Fils, dont les Sujets font tirez de l'Æneïde, & des Géorgiques de Virgile.

Par M. *Surugue, le pere*, Académicien.

Un Sujet gravé, d'après M. *Boucher*, repréfentant la mort d'Adonis.

Par M. *Moyreau*, Académicien.

Trois Sujets gravez d'après *Wouwermens*.
Les Gardes de Cavalerie.
Le Marchand de Mitridate.
Le petit Pont de bois.

Par M. *Daullé*, Académicien.

Trois portraits gravez d'après différens Maîtres.

Celui de Marguerite de Valois, Comteffe de Caylus; d'après M. *Rigaud*, Ecuyer, Chevalier de l'Ordre de S. Michel.

Pierre Loüis Moreau de Maupertuis, d'après M. *De Tourniere*.

Pierre Auguftin Le Mercier, Imprimeur ordinaire de la Ville, d'après M. *Van Loo*, Premier Peintre du Roy d'Efpagne.

Par M. *Le Bas*, Académicien.

Quatre Sujets gravez d'après différens Maîtres,

Moisson, ou 3ᵉ vûë de Flandres ⎫ d'après
Jeu de Boule, ou 4ᵉ vûë de Flandres ⎭ D. *Teniers.*
Converſation galante, d'après M. *Lancret.*
Courrier de Flandres, d'après *Bott.*

OUVRAGES

de Meſſieurs les Agréez de l'Académie.

Par M. *Bouchardon.*

102. Projet de Mauſolée pour Son E. M. le Cardinal de Fleury, fait par ordre de M. le Contrôleur General, & qui doit être executé en marbre.

On y voit d'abord, comme l'objet principal, S. E. à genoux ſur un Prie-Dieu. Au deſſus de ſon Tombeau, derrière Lui & ſur le même Plan, eſt le Génie de la France qui, ſous la Figure d'un Enfant éploré, tient trois Couronnes, que Son E. ſemble lui avoir remiſes, pour ne plus s'occuper que des grandeurs éternelles. La premiere de ces Couronnes, qui eſt de Laurier, exprime ſon zéle pour la gloire du Roy & de l'Etat. La ſeconde, qui eſt de Chêne, & que les Anciens nommoient Couronne Civique, eſt le ſymbole de ſon amour pour la Patrie, & de ſon attention à ménager les Peuples. La troiſiéme enfin eſt d'Olivier, attribut ordinaire de la Paix, annonce quel étoit le terme heureux où tendoient toutes ſes vûës.

Au pied du Tombeau ſont deux Lions, dont l'un écraſe l'Hydre vaincu, tandis que l'autre tient le

Masque qu'il a arraché de l'Erreur & le Flambeau de la Discorde prêt à s'éteindre.

Deux Consoles qui supportent le Tombeau, laissent entr'elles un champ où l'on a placé l'Emblême de l'Eternité, exprimée à l'antique, par un Serpent qui se mordant la queuë, forme un cercle ou rond parfait, au milieu duquel un Sable aîlé marque par opposition le nombre & la rapidité des jours que nous passons sur la terre.

Plus bas, & sur une plate-forme formée par une double plinthe qui décrit un avant-corps, sont deux Figures de Vertus Affligées, qui s'appuyent sur le Globe de la Terre*, où l'on distingue surtout l'Europe, comme la partie du monde où la réputation de S. E. s'est le plus répanduë, parce qu'elle a été plus particulierement l'objet de ses travaux.

Une de ces Vertus caractérisée par le Gouvernail qu'elle tient à la main, par le Miroir & le Serpent qui sont à ses pieds, marque l'équité, la prévoyance & la sagesse qui accompagnoient son administration. L'autre, qui représente la Religion, est reconnoissable à son Voile & à sa Croix, de même qu'au Rouleau ou Volume antique sur lequel son bras droit est posé, & à la flâme ardente qu'elle éleve & dirige vers le Ciel.

---

* Le Globe de la Terre est un symbole particulierement affecté au Gouvernement. Les Modernes d'accord en cela avec les Anciens, l'ont employé dans toutes les occasions où il a fallu représenter cette Vertu. On en pourroit citer s'il en étoit besoin, une infinité d'exemples.

On a mis au haut de la Contretable, qui fert de fond à ce Maufolée, le Cartouche des Armes de S. E. orné d'une fimple guirlande de Cyprès, pour répondre par cette fimplicité à fon extrême modeftie dans tout ce qui le regardoit perfonnellement.

Par M. *De La Tour*.

103. Un Portrait au paftel, repréfentant M. le Duc de Villars, Gouverneur de Provence, Chevalier de la Toifon d'Or.

104. Autre, repréfentant M.***

105. Autre, repréfentant Mademoifelle de ***

Par M. *Adam, le Cadet*.

Defcription du Maufolée de S. Eminence M. le Cardinal de Fleury : fait par ordre de M. le Contrôleur General.

106. Son Eminence eft repréfentée à genoux fur fon Tombeau; derriere lui s'éleve une Pyramide, fymbole de fa gloire, accompagnée de deux Caffolettes fumantes qui répandent de tous côtez la bonne odeur de fes vertus.

Vers le haut de la Pyramide, le Génie de la France s'efforce de retenir le Temps qui s'abaiffe, dont le fable rompu & embrafé, annonce la fin des jours de S. E.

L'équité & le fecret, défignée par une feule Figure debout, à côté du Tombeau, s'effrayent de le voir s'approcher : le Chien qui eft au bas de cette Figure, repréfente l'attachement inviolable de S. E. à la Perfonne de Sa Majesté; & l'Urne renverfée fous fes pieds, d'où fe répandent quantité de monnoye, fait connoître fon parfait defintereffement.

La Paix affife vis-à-vis, tenant une branche d'Olivier, eft confternée de la perte qu'elle fait. Les rares talens & les foins continuels que ce grand Cardinal a apportez à l'éducation de Sa Majesté, font marquez par le Livre & le Caducée, & fon Ecuffon de l'autre côté foutient cette Figure. Auprès d'elle eft un Enfant, qui mettant une de fes mains fur fa poitrine, & étendant l'autre dans celle de la Paix, exprime la bonne foy qui était l'ame de toutes les actions de cet illuftre Miniftre.

L'Architecture exterieure eft couronnée par une Urne funebre, ornée de Guirlandes de Cyprès.

107. Un bas relief en bronze, pour être placé fur un des autels de la Chapelle de Verfailles, repréfentant le martyre de fainte Victoire, fous l'Empereur Déce, l'an 253. Cette Vierge chrétienne ayant refufé d'encenfer les Idoles, reçoit un coup d'épée, dont elle tombe, en repouffant conftamment le Grand Pontife Julien, qui la preffe avec fureur d'adorer Jupiter; & l'Exécuteur qui l'a traînée à l'Autel, la délie pour l'abandonner fur la place.

Par M. *Francin.*

108. Une Statuë en pied, de terre cuite, repréfentant la Vierge.

109. Un deffus de Porte, auffi en terre cuite, repréfentant un Groupe d'Enfans.

110. Autre deffus de Porte, auffi en terre cuite, com-

posé de deux Figures, & un Trophée d'Armes.

Par M. *Lesueur*.

111. Le portrait de Mademoiselle Mimy, en Nayade.

112. Une Tête d'après nature.

Par M. *Frontier*.

113. Un Tableau en hauteur de 9 pieds sur 6 & demi, représentant Moïse qui éleve le Serpent d'airain; destiné pour l'Eglise Sainte Croix de Lyon.

114. Une Académie peinte d'après nature, représentant un Homme en méditation.

115. Autre de même grandeur, aussi d'après nature, représentant un homme qui dort.

116. Autre petit Tableau d'après nature, représentant trois Colonnes d'un Temple de Rome, situées dans le lieu appelé Campo Vaccino.

Par M. *Cochin le fils*.

Quatre Vignettes, & huit Culs-de-lampe, destinez pour une nouvelle Edition des Œuvres de Rousseau.

Plusieurs petits Desseins, dont trois concernent l'Art Militaire.

Par M. *Surugue le fils*.

Trois Sujets gravez, d'après M. *Chardin*.

Le premier, l'Inclination de l'Age.

Le second, le Singe de la Peinture.
Et le troisiéme, le Singe antiquaire.

Par M. *Schmidt*.

Le Portrait gravé de M. Silva, Medecin Confultant du Roy, & ordinaire de S. A. M. le Prince de Condé; d'après M. *Rigaud*.

Autre de M. de la Tour, gravé d'après le Tableau au paftel, peint par lui-même.

Le Portrait de M. l'Abbé Desfontaines; gravé d'après M. *Tocqué*, pour être mis à la tête de la Traduction de Virgile.

Par M. *Tardieu, le fils*.

Trois Sujets gravez.

Le Paralytique guéri près la Pifcine, dont le Tableau eft dans le Chœur de l'Abbaye S. Martin, peint par M. *Reftout*.

Une Sainte Famille, d'après M. *Chriftophe*.

Un morceau de l'Hiftoire de Conftantin, qui fe fait apporter l'Etendart où étoit travaillé le figne qu'il avoit vû dans le Ciel.

ADDITION

Par M. le chevalier *D'Origny*, Académicien.

117. Un Tableau de 6 pieds fur 5, repréfentant un Chrift mort, foutenu par Jofeph d'Arimathie, accom-

pagné de la fainte Vierge, des trois Maries, & de faint Jean l'Evangelifte.

118. Autre, repréfentant une Madeleine.

Par M. *Huilliot*, Académicien.

119. Un Tableau repréfentant les Arts, l'Agriculture, le Deffein, la Peinture, la Sculpture, l'Arithmétique & Géométrie, la Mufique, la Poéfie & l'Architecture, démontrez par tous leurs attributs.

120. Autre, repréfentant une Corbeille remplie de differens fruits, pofée fur une Table où est un Tapis de Turquie. Ce Tableau appartient à l'Auteur.

Par M. *Autreau*, Académicien.

121. Le Portrait, jusqu'aux genoux, d'un Abbé de l'Ordre des Bernardins, tenant un Livre des Regles dudit Ordre.

122. Autre, repréfentant le Grand Maître de Navarre, tenant un Plan.

123. Autre, repréfentant Mademoifelle ***, en Mantelet de fatin bleu.

Le tout rédigé & mis en ordre par les foins de
J. B. REYDELLET, Receveur & Concierge
de l'Académie.

Nogent-le-Rotrou, Imprimerie de A. Gouverneur.

CONDITIONS DE LA SOUSCRIPTION

A LA

RÉIMPRESSION DES ANCIENS LIVRETS

Chaque volume sera livré aux souscripteurs moyennant le prix :

De 1 fr. 25 sur papier vergé;

De 2 fr. 50 sur papier de Hollande;

De 3 fr. sur papier de chine.

Les souscripteurs de Paris recevront les volumes à domicile. Ceux de province ou de l'étranger pourront se les faire envoyer en payant en surplus les frais de poste, s'ils ne préfèrent les faire réclamer aux bureaux de souscription.

On souscrit :

Chez : MM. LIEPMANNSSOHN ET DUFOUR, libraires, 11, rue des Saints-Pères;

M. DUMOULIN, libraire, 13, quai des Augustins;

A la *Librairie des Auteurs et de l'Académie des Bibliophiles*, 10, rue de la Bourse;

Aux bureaux de la *Gazette des Beaux-Arts*, 55, rue Vivienne.

Nogent-le-Rotrou, imprimerie de A. Gouverneur.

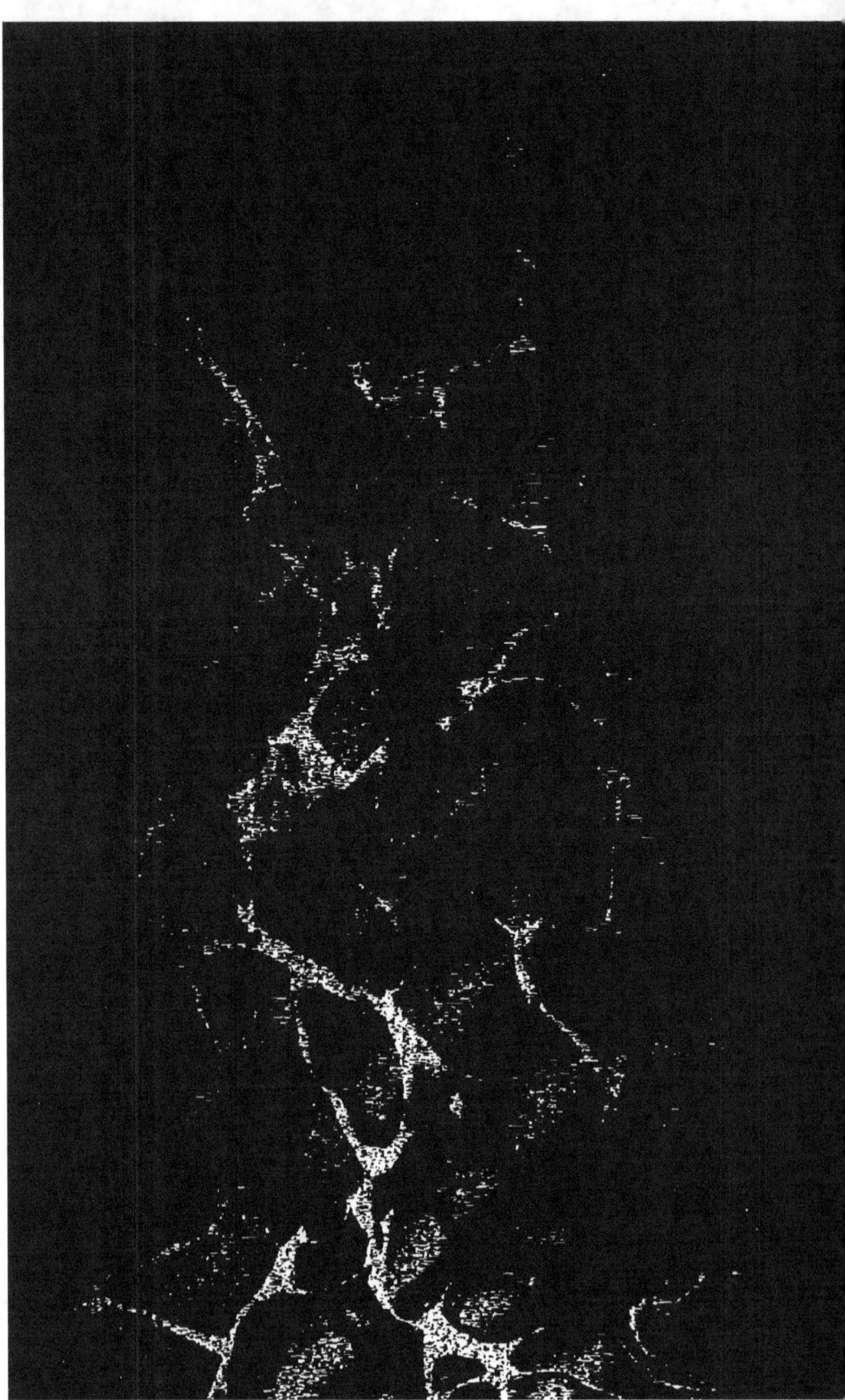

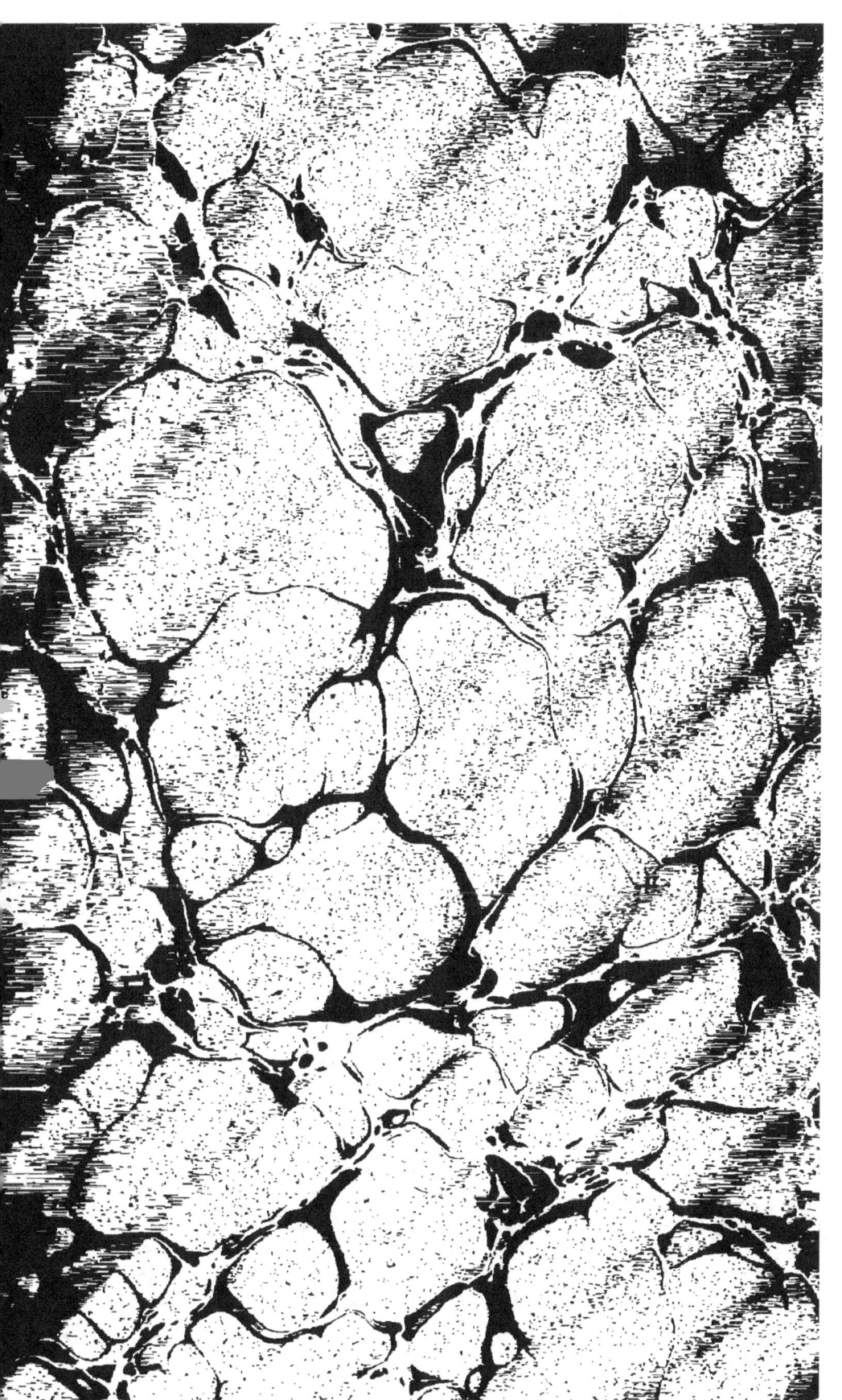

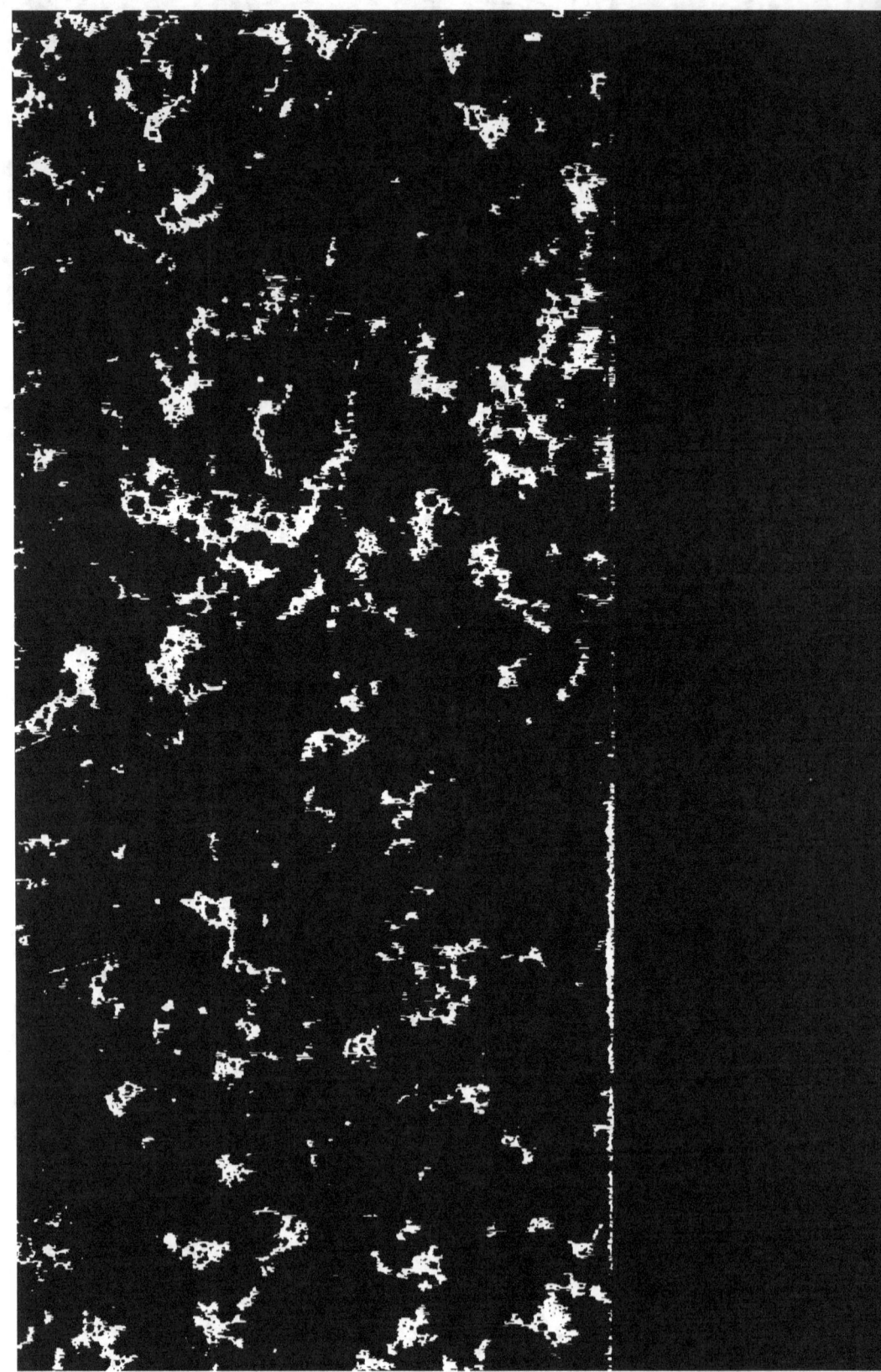

www.ingramcontent.com/pod-product-compliance
Lightning Source LLC
Chambersburg PA
CBHW030052230526
45471CB00003B/1055